परिचय

OrangeBooks Publication

Smriti Nagar, Bhilai, Chhattisgarh - 490020

Website: **www.orangebooks.in**

First Edition, 2022

ISBN: 978-93-5621-099-8

Price: Rs.239.00

परिचय

राजीव सिन्हा

OrangeBooks Publication

www.orangebooks.in

स्वीकृति

मैं अपने माता-पिता, भाई और शुभचिंतकों का भी आभार प्रकट और धन्यवाद करना चाहूँगा क्योंकि उनके आशीर्वाद और विश्वास के बिना ये पुस्तक लिखना कभी भी सफल नहीं हो पाता।

अंतर्वस्तु !

इंतज़ार!

ये इंतज़ार ऐसा गहना है...
जिसने सब ने कभी-न-कभी पहना है ।
ये इंतज़ाम है एक विराम का...
कुछ गहन मिटते अभिमान का ।।

तुम कब तलक इंतज़ार करोगे...
कदम कब पहला लोगे ??
अब तो इंतज़ार को भी इंतज़ार है...

कब तेरा वो कदम बढ़ेगा...
जिसका कल को भी विचार है ।
तेरे कदम विचारों से चलते रहे...
तो तेरा कल भी विराम लेगा ।।

इंतज़ार की घड़ी आराम न लेती....
आगाज़ लेती... पर विराम न लेती ।
ये विचार था... इंतज़ार का...
समय के द्वारा दिए पहले प्रहार का ।।

अहमियत!

सही सवाल क्यों नहीं पूछते तुम...
भावनाओं के आस पास क्यों घूमते तुम ?
सवाल पूछो ना... जवाब तो तुमने बना ही रखा है न ।।

खाली मन को यूँ तो भरा रखा है न ?
अहमियत का अभाव रखो तब तो मैं सच भरूँगा ।।

रंग एक नहीं होता इस भाव में रहोगे तो ।
मैं इंद्रधनुष जवाबों का कैसे बनूँगा ?

सब सुनना चाहते !

सब सुनना चाहते हैं तेरे हर इक बोल ।
हर इक झोल... जो तुमने सहे ।।

ताकि वो सुने... जो अब तलक ।
वो किसी से न कह सके ।।

ख़र्च!

सब परेशान हैं ख़र्च से..... उसे तो रोज आना है ।
प्रेम से... कभी हालात से उसे लुटाना है ।।

सब रोज यू डरते की मेरा कितना खो गया है।
जैसा सोचते वो कल न कभी मिलने वाला ।।

जितना पाया है उस कल का किसी का तो होना है ।
आज मेरा है कल किसी का भोग है...
ये अजीब सा ही तो रोग है।।

सब को चाहिए ये ऐसा ही तो भोग है ।
आज तेरी भूख है कल किसी का होगा ।।

ख़र्च तो मन का हो या हो दाम का
इसे खो कर यू ही पाना है।
जीवन भर इसी का तो खेल खेलना है ।।

ख़र्च कि हार नहीं न ही जीत है ।
ये बस वो रीत है जो हमे चला रही ।।
अबोध कभी या कभी हमे समझदार बना रही ।

फितरत!

फितरत तो देखो हर बार हमारी...
नई फसल की जैसे क्यारी ।
पैरों से राँदा... तो कभी जल की रही भरमारी ।।

उगना तो था..... खिलना तो था ही ।
बड़ी जो रही हमेशा ज़िम्मेदारी हमारी ।।

कमाई !

ये ऐसा शब्द है जो सवाल भी है... जवाब भी ।
सुकून है... कभी मेहताब भी ।।

कठिन है तो कभी ख़्वाब भी ।
हमने क्या कमाया... ये रोज़ खुद से पूछते ।
आईने में अच्छे नहीं दिखते ।।

ये जवाब अपना है... तेरी कमाई
आज भी किसी का सपना है ।
ये कमाई मुद्रा नही बस ।।

कमाई भावनाओ का भी होता है ।
ये कमाई तब समझ आएगी जब तू अकेला होता है ।।

मज़ेदार!

मज़ेदार खयालात सुनना चाहोगे ।
क्या तुम थोड़ा हँसना चाहोगे ?

चाहत तेरी हँसीं की सच्ची ही रही है।
उसकी कीमत क्या रोजाना दे पाओगे ??

ज़िक्र !

ज़िक्र तुम्हारा कभी उठ जाता...
तो मैं खुद को रोक न पाता ।
तुम्हारी बुराइयाँ कर थकता नहीं में हमेशा ।।

इस तरह खुद को अपनी दूरियों का कारण समझाता ।
गलत सही कौन हैं ये नही बस
हालात को सब इल्ज़ाम दे जाता ।।

प्रेम को तेरे याद कर रोज यूँ खुद से हार जाता ।
तुमसे यूँ हारना मुझे जीना सिखाता ।।

प्रेम मेरा तुझसे यूँ जीवंत मुझे रोज किए जाता ।।

धारा!

कई धुन सुनी होगी पर...
कभी करुण आवाज़ सुनी है ।

लिखते-लिखते क्या उंगलियों से
रक्त की धारा बही है ?

होगा बड़ा विचित्र नज़ारा ।

हृदय खुला नहीं होगा अब तलक ।
उससे पहले मिलेगी अश्रु धारा ।।

समझ!

सब को समझ आ जाऊँ तो फिर क्या बात हो ?
ग्रंथ नहीं हूँ... अब ज़माने का विकार हूँ...।

अब गहराइयों की ज़्यादा परत हूँ... विरोध हूँ ।।

नसों की धड़क का जवाब हूँ ।
छोटे ख़्वाब मेरे...
आपके सपने का बस मैं परत बनता जा रहा ।।

धीरे-धीरे मैं तुमसा बन रहा ।
क्या गुनाह मैं खुद से कर रहा ??

खास!

मैं रहा हूँ कितने खास न तेरे ।
दूर मैं हमेशा... विश्वास में तेरे ।।

दूरी में बोहोत विश्वास है...
परोक्ष ही तो अविश्वास तेरे ।।

जो दूर से खूबसूरती दिखती है ।
वो भ्रम ही तो है पास में तेरे ।

ये अंधेरे ही तो रहे खास तेरे ।।

कई नाम!

हां मैं आवाम हूँ... मैं कई नाम हूँ ।
बगानों में हर फूल हमे समझ नही आते
बस उन्हें देख दिल मुस्कुराते ।।

एक फूल तोड़ो तो साथी मुरझा जाते ।
ये क्यों हम समझदार अब तलक समझ नही पाते ।।

साथ से पराग है... सुगंध है... गुल से गुलशन है ।।
तेरे दुखी मन में ऐसी भी क्या चुभन है ?

कुछ अंधेरे!

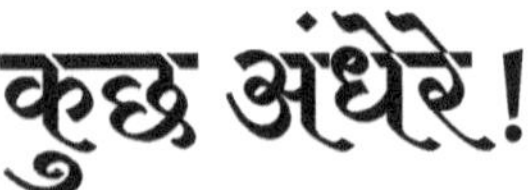

कुछ अंधेरे बड़े सच्चे होते हैं ।
अंधेरों से सबको प्रेम होता जा रहा ।।

सवेरा क्यों अहमियत खोता जा रहा ।
दोष सवेरे का नहीं... सबके मन का विकार है ।।

रविवार को प्रेम करने वाले का
पूरा सप्ताह अंधकार है ।।

मकान!

आज मुझे बस एक माहौल मिला ।
तरक्की चूमने वालों का नायाब हुजूम मिला ।
इंतज़ाम में बड़ी सुनहरी पायदान थी...
इत्र की फैली खुशबू रही।।

मौकाए माहौल में इंतज़ाम मिला
उनसे पूछने को एक सवाल मिला ।
बस यूँ एक सवाल उठा चला मैं ।
उनके "घर" का पता पूछ चला मैं ।।

इस सवाल से वो बोहोत इतराए
बस थोड़ा ही कुनमुनाए ।
बस क्या था उनके बड़े रुतबे का
जवाब चढ़ चला ।।

उनके कई "मकानों" का पता ले ।
मैं अपने "घर" की ओर बढ़ चला ।।

विचार!

एक विचार से अपने भाव मिल गए ।
छूटे थे कुछ रिश्ते यूँ अभाव में मिल गए ।।

सुना उनसे मैंने कई राग विलाप और प्रेम भी ।
जग में बस आँखों देखी ही बस सच नही ।।

समय बलवान... निश्चय ही प्रबल महान ।
उसका भाव लेना होता है ।।

विचार रखना जरूर तभी ।
जब अपना हृदय मैला न होता है ।।

सिख!

मैं कितना सारा दुनिया से...
सिख गया हूँ आज कल ।
रास्ते टेढ़ी मिलती रही ।
खुद को कहता रहा मैं....
बस अब सीधे चल ।।

मुसाफ़िर!

राह बड़ी घमंडी थी...
हर पल रोकने को मुझे कठिन बन चली थी ।
मैंने पूछा उससे की क्या मजा पाते हो...
क्या सुकून मिलता तुम्हे ?

यूँ रोड़े दे कर मुझे... रोक कर मुझे ?
मुस्कुराया वो बोहोत नायाब उसकी मुस्कान थी ।।

काले गहरे रास्तों की उजाले सी पहचान थी ।
उसने कहा मुझे की मुसाफ़िर हो सफर का मजा लो ।।

आज तुम हो क्या पता कोई और कल हो ?
मुझे अपनाओ या दोष दो ।
मैं रास्ता हूँ मंज़िल नहीं ।।

मुसाफ़िर रहोगे तो मुसाफ़िर ही सही ।
मैं आज हूँ ना बस... तेरा कल तो नहीं ।।

देखो ना ये कैसी हैं बातें !
गहन ज़ज़्बात रात के अंधेरों में ही क्यों जग जाते ?
सवाल का जवाब शायद न हो किसी के पास ।।

जो उजाले दे आज जलते हैं ।
ज़ज़्बात उनके शाम की तरह ढलते हैं ।

कल से फिर कोशिश नई उनकी ।
पता नही वो किस मिट्टी से बनते हैं ??

इस तरह!

इस तरह उनका जवाब आया ।
जैसे सूखे पन्ने में लिखा... कटीला ख़्वाब आया ।।

नींद अब कहाँ आँखों में.... जलन का सैलाब लाया ।

अब हम जुड़ेंगे नहीं.... ऐसी महक थी पन्नों की ।
खून सुखा जिस्म में.... पर हौसलों में तूफान आया ।।

कैसे?

उंगलियों में एक जलन सी लग रही थी ।
जब लिखने चली वो अनसुनी दास्तान ।।

कहानियों का क्या है... कुछ चली ।
कुछ रह गई बिना कफन के ।।

अनगिनत भावनाओं को दफन कर...
थोड़ा घिसत... थोड़ा चल कर ।।
कैसे ?

हां कैसे तुम्हें वो कहानी मिलेगी...
जिंदगी की रवानी मिलेगी ?

कदम फूक कर चलने वाले
रास्ते साफ़ पाते हैं ।
कई सही... कई बहुमूल्य गाथाओं को
धूल से भरते जाते हैं ।।

यारी!

जिंदगी के जुए से कैसी यारी लग गई।
हँसता हूँ मैं ये सोच कर।
की बेवजह कितनी सारी उधारी लग गई।।

 लिखूँ क्या ?

लिखने चला तो कलम ने स्याही मांगी...
और स्याही तो छल कर गई ।
उसने उमंग मांगी ।।

ताजेपन का एहसास कौन न चाहता ।
तो स्याही का मन क्यों पीछे रह जाता ।।

स्याही की छोटी सी मांग रही... कहा उसने ।
मुझसे लिखना उसके लिए जिसने
सच्ची आजादी की मांग की ।

रूह से लड़ कर जिसने सत्य के तीर को कमान दी ।।

जरूरी नहीं!

जरूरी नहीं की तेरा ज़िक्र तालियों की आवाजों से उठे ।
ज़िक्र तो उनका करो अब बस ।
जो हर एक तेरी उपलब्धियों से रूठे ।।

कतार!

ये सबकी कहानियां जब सुनोगे तो
एक अलग रूबाब मिलता है ।

अंतर्मन में कितने ख़्वाब... घूम रहे माहौल में ।
उसका हिसाब मिलता है ।।

यार रहें या अनजान ।
जिंदगी में अलग ही जुड़े सबके तार हैं ।
प्रेम... उपलब्धि... प्यार और करार की लंबी कतार है ।।

जीत!

जीत कर भी मैं न मैं जीत पाया ।
उसमे हारने का डर रहा ।।

कुछ हार मैं जीत पाया।
उसमे खोने का डर रहा ।।

नई जिम्मेदारी!

बिना किसी ज़िम्मेदारी के ।
मैं कितना जिम्मेदार था ।।

सोचा है कभी तुमने ।
की मुझे तुमसे कितना प्यार था ।।

खोकली!

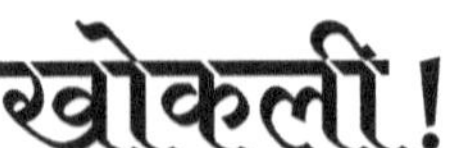

खोकली रही ये उम्मीदों का कारवां... ये झूठ में ।
कैसे सच समझ मैं जिया ।।

आज लड़ लो ना... कल अच्छा होगा ।
ये सुन तो आजकल हर बच्चा सोता होगा ??

जवाब तो है पर सवाल न समझ पाते ।
वो कैसे पथ प्रदर्शक बन जाते ?

जो अपने सवालों का जवाब भी न ढूंढ पाते ।।

रहने दो न सवालों को... अपने न समझे ख़्वाबों को ।
तुम न समझे कभी... तो आने वाले कल पर छोड़ दो ।।

पर जवाब की चाह में किसी का बचपन न मडोड़ दो ।।

लालसा!

सब कुछ पाने की लालसा रखने वाले ।
बता भी दो "ये सब कुछ" क्या है ?

ये सब कुछ पा ही लिया तो ।
तेरा बता तेरा कल क्या है ?

अनकहे !

कभी कुछ न लिख पाना... शब्दहीन रह जाना ।
ये भी एक उपलब्धि है ।।

ये उपलब्धि मिल जाना खेल नहीं ।

अनकहे शब्दों से सब समझा जाना ।
इसका आज भी कोई मेल नहीं ।।

सोच!

रुकना था मुझे कुछ सोचने के लिए ।।
रूह से सच्ची भावना नोचने के लिए ।।

ख़्याल गहराता गया...
मेरा बिता कल मुझे याद आता गया ।

अब लड़ाई लग गई...
कल की खुशबू की चाह लग गई ।।

पर सुगंध अब बदबू ला रही थी ।
भावना सच्ची मेरी... लगा अब जाग रही थी ।।

रुकूं क्यों... अब सब अपने राह पर हैं....
जीवन की आह पर है ।
अब क्या बचा था भोगने के लिए ।।

रुकना अब क्यों था मुझे कुछ सोचने के लिए। ।
रूह से सच्ची भावना नोचने के लिए ।।

पंक्तियाँ!

ये जो कुछ पंक्तियाँ खयालातों की लिखते हो ।
वैसी ही है क्या तुम्हारी अंतर्मन की परछाई ?

सिर्फ इतना ही जिया है ।
ऐसा पन्नो में क्यों दिखते हो ?

बहाने!

अब सब तराने बना रहे तुमसे फिर से घुल मिलने की ।
और साथ ले रहे कुछ चिन्हित बहाने।

प्रेम, साथ, विराग, विलाप, हँसी,
दुख, ख़्वाब या यादें बीते कल की ।

जैसे बस इंतज़ार ही रहा हो उन्हे... तेरे वक्त बदलने की ।।

पिछड़ा!

पछाड़ दिया है उम्मीदों ने ।
मेरे रीढ़ में आज भी दम है ।।

पता नही आजकल ये भी क्यों कम है ??

बोझ ये बोहोत सह सकता ।
ज़मीन में फिसलन है ।।

समझ कम और उलझनों में अब भी काफी दम है ।।

पिछड़ा मैं नहीं ।
पिछड़ेपन की आज भी चलन है ।।

समझ!

जो टूटा है... वही खुद को फिर बनाएगा ।
समझ लो ये बात... ये ज़ज़्बात ।।

आजकल सबको ये ।
समझ नही आयेगा ।।

अहमियत।

आज छोटी सी बात रही... नींद से मेरी दो दो हाथ रही ।
वो कहता सो जाओ ना... तुमको किसने रोक रखा है ?

मैं कहता शायद... जिम्मेदारी ने रोक रखा है ।
गलत कोई नहीं... मन का आलाप है ।
ढांड में जैसे मिलाता... कंधे पे नर्म हाथ है ।।

न मिले ये तो सो जाना... अहमियत अपनी न लोगे ।।
...तो कौन गाएगा ये तराना ?

अंजाना !

कुछ रिश्ता जोड़ भी लो ना ।
कितनी दूर निभाना होगा ?

अभी मिलें तो है।
कल क्या पता... फिर से तू अनजाना होगा ?

भूल!

छाव मिले... धूप मिले... या चाहे बोहोत धूल ।
उसे यूँ न भुला दो कभी ।।

जिसने दिया हो तेरा साथ ।
जब रहा था समय तेरे लिए अनुकूल ।।

प्रतिद्वंदी!

इत्तेफाके खास ।
आज मिला उनसे ऐसा नायाब सहारा ।।

कहते रहते थे की वो मेरे खास ही हैं ।
इल्म न हुआ मुझे कभी...
की कब बनते गए वो प्रतिद्वंदी हमारा ।।

आजकल!

आजकल समझदार की कहो ऐसी पहचान है।
ज़ुबान में बातें काम।
चेहरे पर नायाब मुस्कान है।।

कह दो!

कह दो ना जो बात रह गई है ।
अब लड़कड़ाहट में दम नही मिलता ।।

अब खुद की तन्हाई की बात कोई नहीं सुनता ।

आवाज़ दो... आलाप दो... अब सब सुनेंगे।
खुद को क्यों रोक रखा है ।।

सबने तो यूँहीं तो अपनी आवाज़ दबा रखा है ।।

आते जाते !

लिख दूँ क्या मैं अब...
अब खयालात सबके समझ नहीं आते।
आते जाते हुए सब मिलते...
बस अब सिर्फ़ मुस्कुराते ।।

अच्छी है ये हँसीं....
मन में पता नही क्यों मुस्कुराते ।
जवाब है या है छल ?

मुझे अपना समझते...
या मुझे आज भी ज़माने सा पाते ।।

फितरत!

फितरत-ए-आदत में... मैं मशगूल यूँ...
हालात न समझ सका ।

सिक्कों की खनक इतनी गहरी रह गई ।
की ख़ामोशी भावनाओ की... न समझ सका ।।

आँख खुली तो... गहन उजाला था ।
अंधेरा मेरे मन का...
कोयले से भी काला था ।।

अख़्लाक़!

एक दौरे भ्रम आज यूँ जगा था ।
इक अच्छा अख़्लाक़ मेरे में क्यों न बना था ।।

रोज ज़रिया अपना कर खुद को
ख़ुदा के नज़दीक पाता हूँ ।

पर रोज इंसानों में रह कर...
इंसान क्यों न बन पाता हूँ ??

सवालात!

सब कहते मैं उनके खयालातों में हूँ।
अकेले उनके गहरे सवालातों में हूँ।।

मैं तो ये बात सुन कर भी विभिन्न आहातों में हूँ।
होते तुम कभी क्यों न उजाले सा...
जब मैं अंधेरी रातों में हूँ।।

कड़वा!

जीवन की मिठास की सबको चाहत रहे...
सब मीठे फल चुने ।
उगते हुआ फल कड़वा मिलेगा...
मीठे की चाहत में सब सहे ।।

कड़वे का कल खूबसूरत है... मीठा है...
कोई क्यों न समझ ये सके ?
कल रंग बदलेगा और साथ में
स्वाद तो सब को चलेगा ।

तो क्यूँ उसके कारवां का इंतज़ार हम न करें ??

नया दौर!

अब फिर से रातों को जागते हैं... आराम बोहोत लिया ।
सपनों के पीछे जोर से भागते हैं ।।

मुश्किल है समझाना अब सबको की क्या हो रहा ।
क्या चल रहा जिस्में जमीन पर ।।

अब नसों के अंदर की रफ्तार को फिर से बढ़ाते हैं ।
उम्मेद और भरोसा नया लाते हैं ।।

गीत नया गाते हैं ।।

अपने चुने रास्तों में चल अब कारवां आगे बढ़ाते हैं ।
यूँ चलो.... अब विश्वास की मशाल लिए ।
मंजिल को पाते हैं ।

हँसीं!

हँसीं आजकल चेहरों पे पाना... अब नायाब सा गहना है ।
ये गहना होता सबके पास... पर कहते सब ।।

तुमने यूँ इसे कैसे पहना है ??

ये हँसीं जो पहन पाता वो आज सच में ।
हार पा कर भी जीत गया ।।

समाप्ति से पहले वो आज फिर अमृत घूट पी गया ।।

जरूरत!

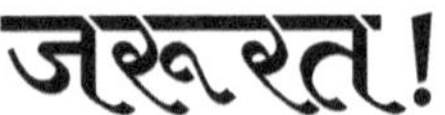

रोजी रोटी की जद्दोजहत... जरूरतों में ।
मैंने कइयों के ख़्वाब मरते देखा है ।।

सब की अब क्या बातें करूँ जनाब ।
मैंने तो ये खुद करके देखा है ।।

बर्दाश्त!

पता है मुझे... सबने बर्दाश्त की सीमा...
मुझसे ज्यादा गुजारी है ।
जीवन में सबकी कुछ... कुछ तो रही उधारी है ।।

सब का संभालने का माहौल.... ये जोश अलग है ।
सब का भोग जीवन में अलग है... सजग है।।

बर्दाश्त मुझे क्यों अब कराते जो तुम अब संभाल न पाते ।
झूट की चादर में मेरे जख्म को...
अब नरमी क्यों देना चाहते ??

खुशनुमा!

भीड़ आज खुशनुमा थी....
उमंग उनके जिस्म में जवान थी ।

मिले न मिले प्रेम... उम्मीद भरपूर...
और उमंग चढ़े परवान थी ।।

अच्छा है ये उम्मीदों का रूह को छुना...
प्रेम कौन न चाहता अब।

पर प्रेम की परिभाषा और उसमे बलिदान ।
अब किसी के आस-पास न भटक पाता अब ।।

सब निभा न पाते अब ।।

शायद !

शायद मैं कुछ खरीद पाता ।
किसी एक महान आत्मा का मुरीद ही बन पाता ।।

पाता मुझे कुछ न... पर झोला मेरा
उम्मीद का रोज यू भर जाता ।
नया झोला मैं यूँ रोज बाजार ले जाता ।।

किसी गरीब का दुख ही भर लाता ।
कुछ मजबूर को उम्मीद दे जाता ।।

शायद... ये शायद अब मैं न कहना चाहता ।
सबने ये सोच रखी होगी ।।

इसे मैं हकीकत बनाना चाहता ।।

लगाव!

कहते अब सब... की हम लगाव में नहीं है।
अब किसी अभाव में शायद नहीं ।।

जो पाना था पाते जा रहे... भूख मिट रही...
भूल मिटाते जा रहे ।।

अब लगाओ निर्जीव से बना रहे ।
जीव मन नहीं भा रहे ।।

निर्जीव मूल्य से संभल जाते ।
जीव तो सब लूटा भी न कमा पा रहे ।।

स्याही!

कभी बचपन में छिड़की थी सियाही
दीवार पर... अनजाने में ।
तो कई जुर्माने लग गए थे ।।

पता चल अब रहा मुझे...
सियाही के रंग की अहमियत ।
किसी का कल बनाया इसने...
और कई के तो अफसाने उड़ गए ।।

सुकून!

आकाश में सुकून से देखो तो झिलमिल तारे मिलेंगे ।
कुछ तेरे... तो कुछ... हमारे मिलेंगे ।।

अब गौर से कौन देखता क्षितिज को ।
अब नीति तो जमीन की चल रही ।।

सर उठाने पर... ज़माने की दुहाई चल रही ।
आज़ाद मन के पंछी की कब हो रिहाई...
ये बात चल रही है ।।

धुन!

संगीत पुराने सुन हम... कल का धुन पाते हैं।
आजकल सबके प्यारे धुन... अकेले गुनगुनाते हैं।।

रंगीन पानी का साथ यूँ सब को लग गया है यू?
अब वही साथ गाने वाले धुन न समझ पाते हैं।।

गलती का ढोंग न दे सकेगा कोई...
तकलीफ धुन सा साथ पाते हैं।
कौन गलत... कौन सही... ये सोच हम क्यों...
यूँ जिंदगी बिताते हैं।।

चलो कभी मिलते हैं...
बिगड़े जीवन की धुन को मिल कर।
सही कर जाते हैं।।

सहारा!

लिखने को कलम का सहारा लिया ।
पर स्याही ने कुछ और ही कह दिया ।।

लिखना है तो अपनी पहचान लिखो ।
कल आने वाले का फरमान लिखो ।।

बीते हुए कल की पहचान न लिखो ।
आने वाले कल का अरमान लिखो ।।

बेकार ही मुझे बर्बाद न करो ।
लिख तू ऐसा की किसी की पीड़ा रूह से आज़ाद हो ।।

 रंगों से उमंग !

उमंग और उल्लास का पता पूछने चला था मैं ।
तो किसी अनजान ने पता बताया...
कहा कुछ दिन रुक जा...
रंगीन होगी तेरी काली छाया।।

मन विचलित और भ्रमित हो गया...
ये क्या वो कह गया ।।
पता चला आने वाली होली है...
वो तो रहा मेरा पुराना हमजोली है ।।

गुलाल के विभिन्न रंग आँखों में चढ़ गए ।
मेरे आलोचक अब मीत बन गए ।।

ये भावना होली का दिन लाती।
होलिका दहन मेरे हृदय की बुराई मारती ।।

अब छोड़ो ना कल क्या होना है...
अब सबको रंगों में भिगोना है ।

अब लाल... पीला... पता नहीं...
अब मुझे सबका होना है ।।

ये त्योहार नहीं बस उमंग है... तेरा कच्चा...
तो मेरा पक्का रंग है ।

अब क्यूँ कई हाथ गाल न छूते ।
बचपन की तरह अब हम क्यूँ ना रूठे ??

आज चलो फिर से वो दौर लाते है।
किसी खास को रंगों में डुबाते है ।।

शायद रंग से रंगीन हो वो उत्साह पा लेगा।
दूर रहता था वो मुझसे ।।

शायद मेरे संग खुद को फिर से पा लेगा ।।

कर पाता!

अब शब्दों में मेरा कुछ क्या पकड़ आया...
मैं तुमको भूल सा गया ।
शब्द भावना थी और लेख इंतज़ाम ।।

तुम कहाँ थे... मेरे लिए आम ।।

पैगाम अब कहाँ भेजूँ... मुझे तो पता नहीं...
अपना भी मुकाम।

लिखूँगा एक चिट्ठी तेरे लिए...
लिखूँगा अपनी भावनाएं ।।

पता नही मिलेगा तेरा...
तो धारा में प्रवाहित कर आऊँगा ।

कर पाता था मैं बोहोत कुछ...
इस चिट्ठी में जरूर लिख जाऊँगा ।।

अब लालायित मैं किसी के लिए नहीं...
सच तो जरूर लिख जाऊँगा ।

अब पाना तो मुमकिन नहीं तुम्हे...
शब्दों से अब तुम्हे अपनाऊँगा ।।

सुन!

अगर तुम सुन पाते... तो कई आहट
तेरे कानों में गुनगुनाते ।
अच्छा है तुम कुछ न सुन पाते ।
क्योंकि तुम कई आवाज़ अनदेखा कर जाते ।।

सुनो उनकी जो बदजुबान है...
जुबान बिना सच का फरमान है ।
हँसोगे सोच कर की अब ऐसा कैसे सुनूं...
मुझमें कहाँ है वो जुनून ।।

जवाब सच तेरा... जुबान रखने
वालों में कहाँ वो कल का सवेरा ।
आजकल बस आवाज़ में...
रहा बसा... घना अंधेरा ।।

इंतज़ार!

अब अपना इंतज़ार लिखूँ...
या नाउम्मीदी की तलवार की धार लिखूँ ?

काटेगा वो धार से... उम्मेद के गहरे वार से ।।

अब इंतज़ार वो अनंत रही... हर किसी की चाह रही ।
मिल जाते जिसकी इंतज़ार का पैगाम ।।

आजकल वो कहाँ रहा... आम लोगों में आम ।।

बातें!

आज बातें कुछ अच्छी हुई ।
कुछ कच्ची... कुछ पक्की हुई ।।

अब अर्थ सब बातों का नही मिलेगा ।
पर सब बातों में जरूर... कुछ अर्थ मिलेगा ।।

जलन!

जलो ऐसा की जलन को भी जलन हो जाए ।
तेरे दुश्मन भी तेरे गले लग जाए ।।

कहे वो की क्या मिला वो प्रतिद्वंदी मेरा...
वार अंधेरे सा रहा था ।
दिखा गया सवेरा मेरा ।।

अब जलन उससे न होता... लड़ तो गया ही वो ।
पर दिखा ही गया... मेरे अंधकार का सच्चा सवेरा ।।

ठंडक !

आँखों की जलन... अब ये बतला रही ।
सपने तेरे अब पूरे करने का वक्त बतला रही ।।

जलन तो कई और तरह से मिलते रही ।
रूह को ठंडक अब.... सिर्फ पसीने से आ रही।।

बेज़ान!

लिखा था ख़्वाब पन्नों पर... स्याही लंबी न चली ।
वक्त की धूल से वो मिटती रही ।।

अनगिनत प्रयास विफल हुए ।
बेबसी किसी जीवंत का हृदय न छुए ।।

अब उदास मन नहीं... ये सोच कर अब हैरान है ।
मूर्तियों में जीवन देकर भी... आज इंसान क्यूँ बेज़ान है ??

रुकावट !

भागती जिंदगी की ये छोटी सी आहट है ।
धड़कन तो चल रही सबकी तो मिलने में क्या रुकावट है ?

अब शायद धुन नहीं मिल रही ।
शायद या इन धुनों में थोड़ी अहम की मिलावट है ?

मिलावट शुद्धता मार जाती...
सच के सच्चे स्वाद से दूर ले जाती ।
रुकावट मिटते रहेंगे जब मन
भाव में झूठे मिश्रण न रहेंगे ।।

बधाई!

आज मिल गई मुझे अनेक बधाई...
दिन ही अनेकों में एक सा था ।
अब ये इल्म ले कर गहन विचार में आ पड़ा ।।

की दिन खास रोज क्यों नहीं आता ।
मैं रोज नया सा जन्म क्यों न ले पाता ।।

बधाई रोज मिलती पुराने सोच / जिस्म को खो कर ।
रोज लगते उम्मीद की नई ठोकर ।।

गिरता... संभालता... सिख जाता...।
मैं रोज नया सा जन्म क्यों न ले पाता ।।

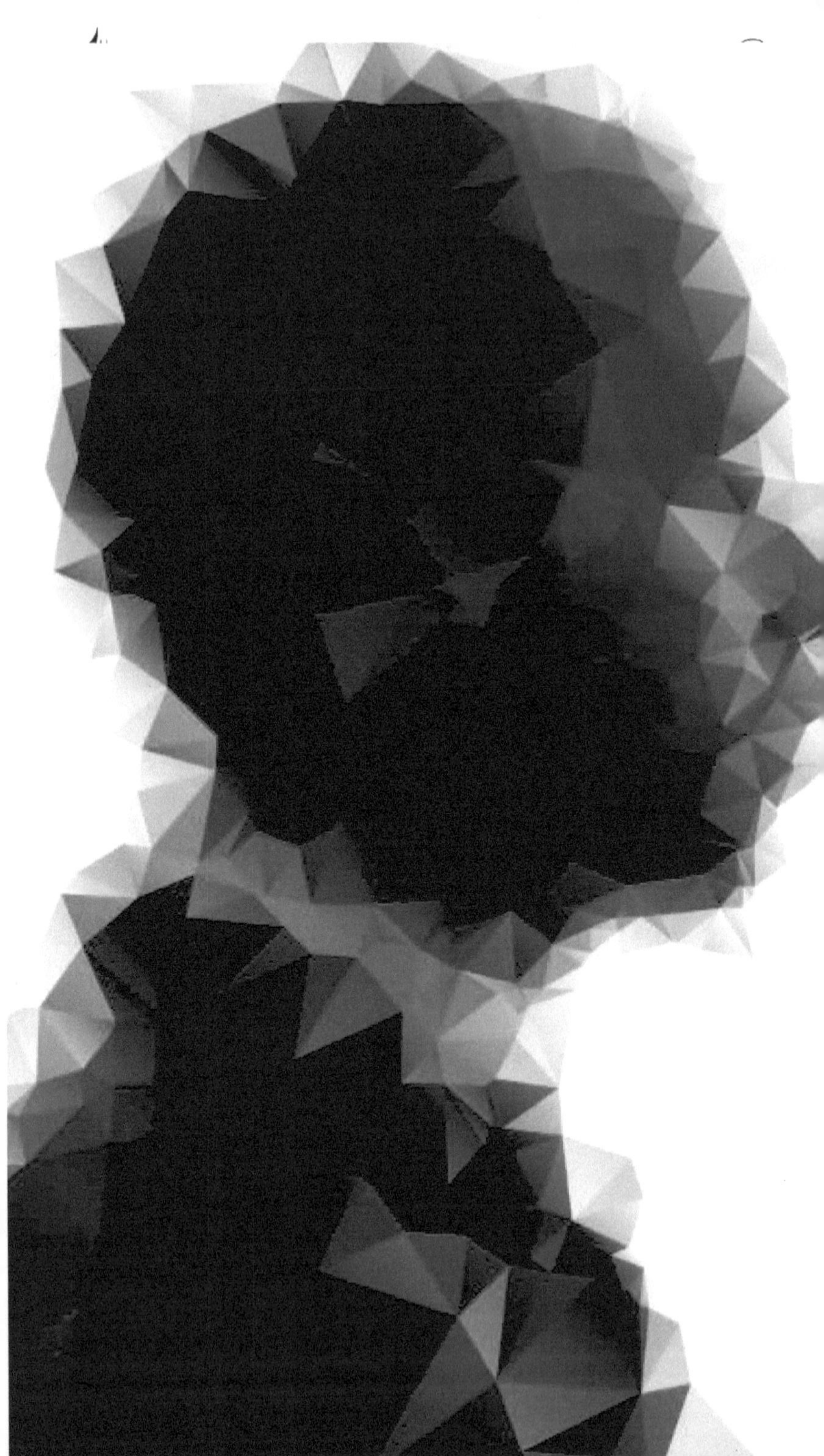

कांच!

चुन लो ना... बच लो ना आंच से...
कठिन गहरे कांच से ।

टूटे हुए हैं... कभी जुड़े थे...
तो अक्स बाखुब दिखाते थे ।।

अब टूट कर तेरे... हर रूप दिखाते हैं ।
अब जोड़ कर उनको कुछ न मिलेगा ।।

तेरा अक्स ही तो था इनमे...
अब बस तेरे जैसा मिलेगा ।।

बादल !

मैंने आज बादलों की तरफ देखा ।
खूबसूरत सी ख़ामोशी थी ।

खिलाफत थी या अजीब मदहोशी थी ।
घमंड था उसको यूँ आज़ाद सा रहना ।।

कभी सफेद कभी कालेपन का गहना लेना ।
बरसने पर आज भी पाबंदी नहीं।
कही थोड़ी तो कही पूरी छूट रही ।।

किसी को वो भाते कुछ यूँ ही उसके लिए तरस जाते ।
बड़ा प्रेम से जीते हैं... सूरज ने भी आभार माना हैं ।।

उन्होंने कभी सूरज की ताप को भी
छोटा कर डाला है ।।

हौंसला बादल से न सीखे तो किस्से सीखे ।
किसको प्रेम देना है और किसको प्रहार

ये इनसे अच्छा किससे सीखें ।।

करार!

चलो एक करार करते हैं ।
ऐसा रिश्ता अब सबसे कई बार करते हैं ।।

दिन के उजाले में अपना हक जी भर जता लेना ।
रात को सिर्फ मेरा ही रहने देना ।।

।। समाप्त ।।

9 789356 210998